THE BEST OF

Érik Satie
en vingt-quatre morceaux pour piano

Érik Satie
in twenty-four pieces
for piano

volume 2
autour des arts de la représentation

volume 2
focus on representative arts

DURAND SALABERT ESCHIG

Table des matières
Contents

conception et compilation : Christophe Mirambeau

Éditions Salabert
© 2012 Éditions Salabert

EAS 20247

Ragtime-Parade

extrait de « Parade », ballet réaliste

EAS 20247

2

Cinéma

entr'acte symphonique de « Relâche »

© 1972 Éditions Salabert
Paris, France

EAS 20247

Gants de boxe et allumettes

La Danseuse, et figures dans l'eau

Chasseur, et début de l'enterrement

Marche funèbre
Plus lent

Cortège au ralenti

XIV

La poursuite

XXIV

Lent

XXV

Final

Ecran crevé et fin

XXVI

Large et lourd en retenant

8a basse

Le Piège de Méduse
Sept pièces pour le piano

EAS 20247

20

Pas vite

Le singe danse pour se rafraichir

N.º 3

p Avec plaisir et sans timidité

Fort, la seconde fois

FIN

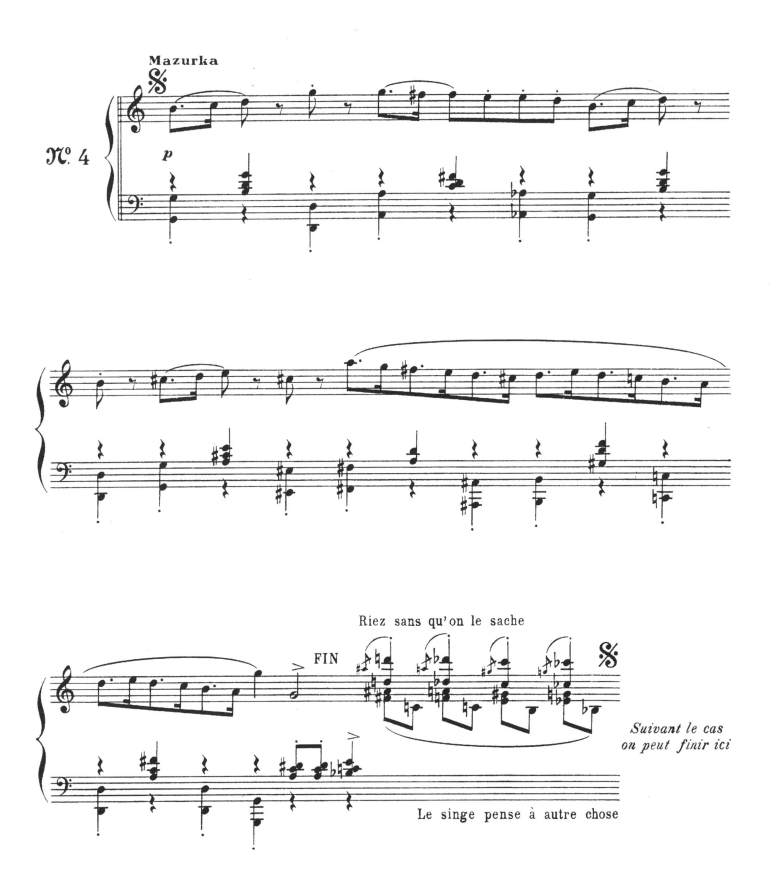

Polka

№ 6

Dansez intérieurement

FIN

Le singe se tape sur les cuisses

pp leger

Il se gratte avec une pomme de terre

Quadrille

№ 7

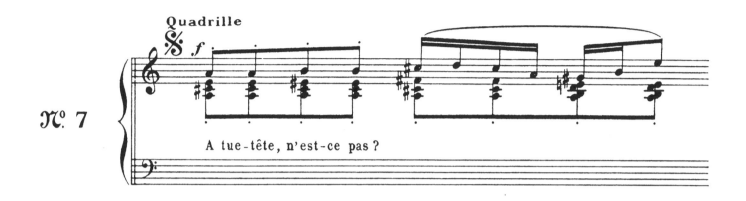

A tue-tête, n'est-ce pas ?

FIN

Sports et Divertissements

Préface

Cette publication est constituée de deux éléments artistiques : dessin, musique. La partie dessin est figurée par des traits, des traits d'esprit ; la partie musicale est représentée par des points, des points noirs. Ces deux parties réunies en un seul volume forment un tout : un album. Je conseille de feuilleter, ce livre, d'un doigt aimable et souriant, car c'est ici une œuvre de fantaisie.

Que l'on n'y voit pas autre chose.

Pour les « recroquevillés » et les « abêtis », j'ai écrit un choral grave et convenable. Ce choral est une sorte de préambule amer, une manière d'introduction austère et infrivole.

J'y ai mis tout ce que je connais de l'ennui.
Je dédie ce choral à ceux qui ne m'aiment pas.
Je me retire.

Érik Satie

Préface

This publication embodies two arts, drawing and music. The drawing part consists of lines, witty lines; the musical part of plain black dots. These two parts put together make an album. I suggest you turn its pages with a tolerant thumb and with a smile, for this is a work of pure whimsy.

Let no one look for more.

For the "dried up" and the "stultified" I have added a chorale, sober and suitable. This makes a sort of wormwood preamble, a way of starting out wholl austere and unfrivolous.

I have put into it everything I know about boredom.
I dedicate this chorale to those who already dislike me.
And withdraw.

Érik Satie
translated by Virgil Thomson

Choral inappétissant

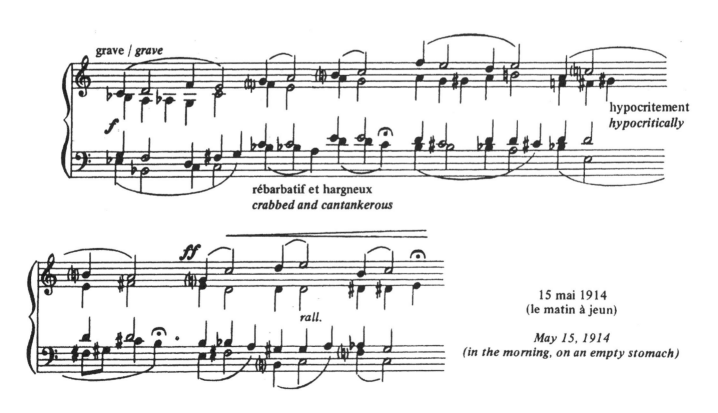

grave / *grave*

hypocritement
hypocritically

rébarbatif et hargneux
crabbed and cantankerous

15 mai 1914
(le matin à jeun)

*May 15, 1914
(in the morning, on an empty stomach)*

La Balançoire

Lent / *Slowly*

C'est mon cœur qui se balance ainsi.
My heart it is that swings and swings.

Il n'a pas le vertige
And never gets dizzy.

Comme il a de petits pieds.
What tiny feet it has.

Voudra - t - il revenir
Will it want to come back

dans ma poitrine ?
to my breast ?

31 mars 1914

March 31, 1914

La Chasse

7 avril 1914

April 7, 1914

La Comédie italienne

29 avril 1914

April 29, 1914

Le Réveil de la mariée

16 mai 1914

May 16, 1914

Colin-Maillard

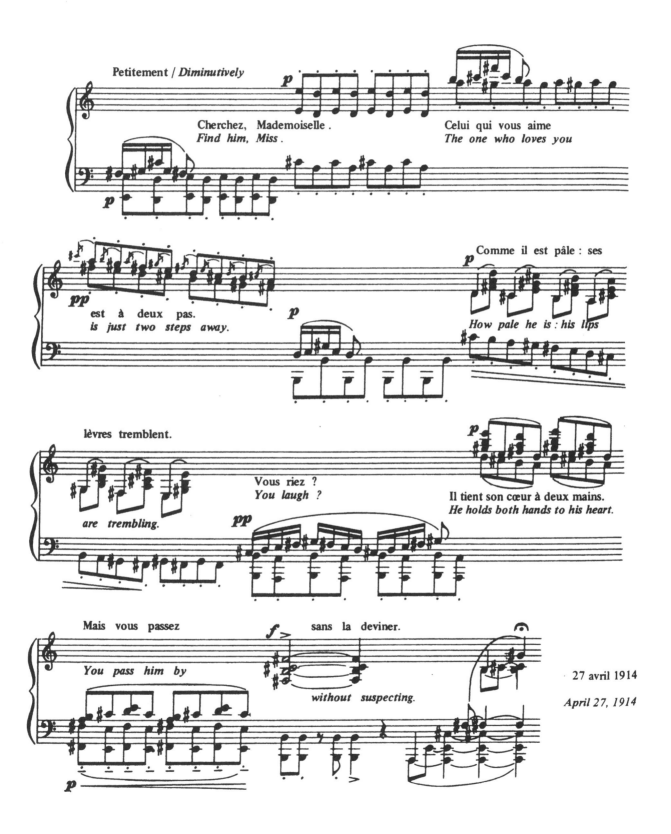

La Pêche

Calme / *Calm*

Murmures de l'eau dans un lit de rivière.
Water purling at the bottom of a stream.

Venue d'un poisson,   d'un autre,   de deux autres.
A fish arrives,

then another,   two others.

«Qu'y a - t - il ?»   «C'est un pêcheur, un pauvre pêcheur.»

«What's up ?»   «It's just a fisherman, a poor fisherman.»

«Merci.»   Chacun retourne chez soi, même le pêcheur.

«Thanks.»   They all go away, including the fisherman.

14 mars 1914

March 14, 1914

Murmures de l'eau dans un lit de rivière.
Water purling at the bottom of a stream.

Le Yachting

Le Bain de mer

Le Carnaval

Léger / *Lightly*

pp

Les confetti descendent !
Confetti is falling all around !

Voici un masque mélancolique.
That one has on a melancholy mask.

Un pierrot ivre fait le malin.
A tipsy pierrot tries walking straight.

Arrivent de souples dominos.
Enter gracefully some masked ladies.

On se bouscule pour les voir.

People push to see them.

«Sont - elles jolies ?»
«Are they pretty ?»

molto riten.

3 avril 1914

April 3, 1914

Le Golf

La Pieuvre

17 mars 1914

March 17, 1914

Les Courses

Les Quatre-coins

Joie modérée / *Merrily*

Les quatre souris .   Le chat .
The four mice .   *The cat .*

Les souris agacent le chat.   Le chat s'étire .
The mice tease the cat.   *The cat stretches .*

Il s'élance .   Le chat est placé.
He pounces .   *Pussy's got a corner .*

24 avril 1914

April 24, 1914

Le Pic-Nic

19 avril 1914

April 19, 1914

Le Water-chute

Le Tango

Modéré et trés ennuyé / *Moderate et very restless*

pp

Le tango est la danse du diable.
The tango is the Devil's dance.

C'est celle qu'il préfère.
His favorite one.

Il la danse pour se refroidir.
He uses it for cooling off.

Sa femme, ses filles et ses domestiques se refroidissent.
His wife, his daughters, and his servants all cool off that way.

5 mai 1914

May 5, 1914

Le Traîneau

Courez / *Run*

p Quel froid !

What bitter cold !

p rall.   *f a tempo*

Mesdames, le nez dans les fourrures.
Ladies, keep your noses in your furs.

Le traîneau file.
The sleigh sails.

Le paysage a très froid et ne sait
où se mettre.
*The landscape is terribly cold and
can't stand still.*

2 mai 1914

May 2, 1914

Le Flirt

Ils se disent de jolies choses, des choses modernes.
They say pretty things to each other, modern things.

«Comment allez - vous ?»
«How are you ?»

«Ne suis - je pas aimable?»
«Don't you find me nice?»

«Laissez - moi ?»
«Let me alone !»

«Vous avez de gros yeux .»
«You have such big eyes !»

«Je voudrais être dans la lune.»
«I wish I were on the moon.»

Il soupire.
He sighs.

Il hoche la tête .
He shakes his head .

29 mars 1914

March 29, 1914

Le Feu d'artifice

6 avril 1914

April 6, 1914

Le Tennis